AUTRES LIVRES DE SRI DAYA MATA

Rien que l'Amour : Vivre une vie spirituelle dans un monde en évolution

Finding the Joy Within You: Personal Counsel for God-Centered Living

Intuition: Soul-Guidance for Life's Decisions

SRI DAYA MATA
(1914 – 2010)
Troisième président et chef spirituel de la
Self-Realization Fellowship/Yogoda Satsanga Society of India

VERS LA QUIÉTUDE DU CŒUR

*Créer
une relation aimante
avec Dieu*

de
SRI DAYA MATA

QUELQUES MOTS SUR CE LIVRE : *Vers la quiétude du cœur* est un recueil d'extraits tirés des discours et des lettres de Sri Daya Mata. Les discours furent tenus lors de rencontres informelles en Amérique et en Inde durant lesquelles elle évoqua différents aspects de la vie spirituelle. Ils firent l'objet de publications antérieures dans le magazine *Self-Realization* ainsi que dans deux anthologies, *Rien que l'Amour* (2012) et *Finding the Joy Within You* (1990).

Titre original en anglais publié par la
Self-Realization Fellowship, Los Angeles (Californie, U.S.A.)
Enter the Quiet Heart

ISBN-13: 978-0-87612-175-7
ISBN-10: 0-87612-175-X

Traduit en français par la Self-Realization Fellowship
Copyright © 2015 Self-Realization Fellowship

Tous droits réservés. À l'exception de brèves citations dans des revues littéraires, aucun passage de *Vers la quiétude du cœur (Enter the Quiet Heart)* ne peut être reproduit, archivé, transmis ou affiché sous quelque forme ni par quelque procédé que ce soit (électronique, mécanique ou autre) connu ou à venir (y compris la photocopie, l'enregistrement et tout système d'archivage et de consultation de l'information) sans l'autorisation écrite préalable de la Self-Realization Fellowship, 3880 San Rafael Avenue, Los Angeles, CA 90065-3219, U.S.A.

Édition autorisée par le Conseil des Publications internationales de la Self-Realization Fellowship

Le nom « Self-Realization Fellowship » et l'emblème ci-dessus apparaissent sur tous les livres, enregistrements et autres publications de la SRF, garantissant aux lecteurs qu'une œuvre provient bien de l'organisation à but non lucratif établie par Paramahansa Yogananda et rend fidèlement ses enseignements.

Première édition en français de la Self-Realization Fellowship, 2015
First edition in French from Self-Realization Fellowship, 2015

Impression 2015
This printing 2015

ISBN-13: 978-0-87612-665-3
ISBN-10: 0-87612-665-4

1224-J3717

Donner de l'amour à tous, sentir l'amour de Dieu, voir Sa présence en chacun, telle est la manière de vivre en ce monde.

Paramahansa Yogananda

Préface

Tout être humain a soif d'amour. Depuis mon enfance, ce fut le désir le plus ardent de mon cœur ; pour moi, la vie n'a pas de sens sans amour. Cependant, j'avais le sentiment que je ne pourrais jamais me contenter d'un amour imparfait. L'amour qui pourrait me satisfaire serait un amour inconditionnel, un amour qui ne me décevrait jamais. Et ma raison me disait que pour trouver cet amour parfait, je devrais aller à la Source ; je devrais aller vers l'Unique Être capable de m'apporter un tel amour. C'est ainsi que débuta ma quête de Dieu.

J'avais dix-sept ans lorsqu'en 1931, ma recherche me conduisit à assister à une conférence qui changea le cours de ma vie pour toujours. J'eus la chance d'assister dans ma ville natale de

Salt Lake City à une série de conférences donnée par un grand homme de Dieu, Paramahansa Yogananda[1]. Dans les années qui suivirent, j'appris de lui la manière de satisfaire pleinement le désir qui avait toujours habité mon cœur : connaître l'amour parfait, l'amour divin, – cet amour consumant tout qu'on éprouve dans la communion avec le Bien-Aimé éternel de nos âmes.

Au cours de mes voyages à travers le monde, tant de gens m'ont posé cette question : « Comment puis-je donner plus de sens à ma vie ? Y a-t-il une réponse à ce vide, à ce désir inexprimé que je ressens au plus profond de mon cœur ? Où est cet amour qui me manque tant ? »

Dans ces pages, vous trouverez l'essentiel de ce que je leur réponds.

---

[1] Voir page 120, « À propos de Paramahansa Yogananda. »

VERS LA QUIÉTUDE DU CŒUR

*Q*uel immense amour, quelle paix réconfortante, quelle joie enivrante vous attendent dans les calmes profondeurs de votre être ! C'est là que vous rencontrerez Dieu.

Quand nous invoquons Dieu à partir de la profonde quiétude du cœur – avec le désir pur et sincère de Le connaître et de sentir Son amour – nous obtenons infailliblement Sa réponse. Cette douce présence du Bien-Aimé divin devient notre Réalité suprême. Elle comble tous nos désirs. Elle transforme nos vies.

Dieu est un havre de paix, d'amour, de repos et de compréhension où nous pouvons recueillir la force qui nous est nécessaire pour affronter les exigences sans fin de la vie.

En chacun de nous se trouve un temple de silence immobile qui ne tolère aucune intrusion des tumultes du monde. Peu importe ce qui peut se passer autour de nous, quand nous entrons dans ce sanctuaire de silence niché dans notre âme, nous sentons la présence bénie de Dieu, et recevons Sa paix et Sa force.

Laissez votre esprit s'établir en permanence, ou du moins aussi souvent que possible, dans la pensée de Dieu. C'est dans cette pensée que nous tirons la force, la sagesse, le grand amour dont nos âmes sont si affamées. Ancrez-vous mentalement dans Ce qui seul demeure immuable en ce monde changeant : Dieu.

Si nous nous analysons en profondeur, nous constaterons que nous sommes comme affamés d'amour, mais d'un amour si total qu'il nous consume de bonheur ; et aussi que nous avons besoin de la sécurité absolue qu'il procure et que rien dans ce monde – ni l'argent, ni la santé, ni même une compréhension intellectuelle élevée – ne peut nous offrir.

C'est en Dieu que résident la sécurité et le bonheur suprême que vous désirez si ardemment. Rien sur terre ne peut égaler la joie d'une relation exquise, pure et aimante entre l'âme et son Dieu bien-aimé.

Le monde entier peut nous décevoir ou nous abandonner, mais si nous avons établi une relation tendre et exquise avec Dieu, nous ne nous sentirons jamais seuls ou abandonnés. Il y aura toujours ce Quelqu'un à nos côtés, – un Ami véritable, un Amour authentique, une vraie Mère ou un vrai Père. Peu importe la façon dont vous concevez le Très-Haut, Dieu sera là ainsi pour vous.

Lorsque vous vous tournez toujours en premier vers Lui, de quelle façon exquise Il inonde votre vie et votre âme ! Maintenant, quand je regarde à l'intérieur de moi et me demande ce que mon âme désire, la réponse est toujours la même : je ne manque de rien ; mon âme est emplie de mon Dieu bien-aimé.

Dieu seul peut satisfaire nos besoins les plus profonds…

Une fois qu'une personne a saisi cette vérité, elle cherchera un chemin pour se rapprocher de Dieu. La méthode que j'ai suivie est simple. Elle consiste à désirer Dieu avant tout et ensuite à cultiver une relation personnelle avec Lui au moyen de la ferveur.

Pour avoir une relation intime avec Dieu, vous devez d'abord Le connaître. Si on vous demandait d'aimer quelqu'un que vous ne connaissez pas, vous trouveriez cela très difficile, quand bien même on vous vanterait les qualités exceptionnelles de cette personne. Mais si vous aviez l'opportunité de rencontrer cette personne et de passer un peu de temps en sa compagnie, vous commenceriez à la connaître puis à l'apprécier et ensuite à l'aimer. C'est la voie à suivre pour cultiver l'amour de Dieu.

La question à se poser est la suivante : *Comment arriver à connaître Dieu ?* C'est ici que la méditation vous vient en aide. Toutes les Écritures sacrées conseillent à celui qui cherche Dieu, qui veut Le connaître, de s'asseoir en silence afin de communier avec Lui. Dans notre enseignement, nous utilisons des techniques de méditation, des cantiques et des prières en vue d'atteindre cet objectif. Une méthode est indispensable. Vous ne pouvez connaître Dieu en lisant un livre qui traite de la joie ou de l'amour de Dieu. Bien que les lectures spirituelles servent à inspirer la ferveur et la foi, elles ne peuvent apporter le résultat final, pas plus que la simple écoute d'une conférence sur Dieu. Vous devez vous asseoir en silence, en méditation profonde, ne serait-ce que pour quelques minutes par jour, isolant votre esprit de tout ce qui vous entoure pour vous concentrer uniquement sur Dieu. Grâce à cette pratique, vous apprendrez progressivement à Le connaître et, Le connaissant, vous ne pourrez faire autrement que de L'aimer.

Réservez un espace à part dans votre âme, où vous pouvez vous réfugier chaque jour pour être en toute quiétude avec Dieu.

Au cours d'une journée, nous disposons de nombreuses occasions pour nous recueillir intérieurement, ne serait-ce que pour un instant, et converser avec Dieu.

Si vous pouviez converser en profondeur avec Dieu, ne serait-ce que dix minutes par jour, en bannissant toute pensée qui ne soit pas Lui, vous constateriez un changement prodigieux dans votre vie. Cela ne fait pas l'ombre d'un doute.

Ce ne sont pas forcément les longues prières adressées au Très-Haut qui touchent le plus Son cœur. Il suffit d'une seule pensée, exprimée de manière répétitive, du plus profond de l'âme, pour s'attirer une réponse grandiose de Dieu.

Je n'aime presque pas utiliser le mot *prière*, car il semble suggérer une requête formelle et unilatérale présentée à Dieu. Pour moi, converser avec Dieu, Lui parler comme à un ami cher et proche, est une forme de prière plus naturelle, plus personnelle et plus efficace.

Quelle est la manière la plus simple de gagner la confiance de quelqu'un ? Ce n'est pas par la raison, mais par l'amour. Il est donc logique que le meilleur moyen de conquérir notre Ami divin soit par l'amour.

Vous dites facilement « Je t'aime » à votre enfant, votre femme ou votre mari, ou vos parents. Et vous ne semblez pas avoir honte de le dire. De la même manière, il est si simple de se recueillir en son for intérieur, de fermer les portes de cette petite chapelle au fond du cœur et de dire : « Mon Dieu, je T'aime. »

La ferveur est la manière la plus simple d'attirer l'attention de Dieu.

Lorsque des personnes viennent me voir et me disent: « Je ne sais comment aimer Dieu, je ne sais comment Lui parler », je leur réponds: « Tout simplement comme vous me parlez là, de la manière dont vous m'ouvrez votre cœur maintenant; prenez l'habitude d'en faire autant à l'égard de Dieu. » Il est surprenant de constater à quel point Dieu répond à ce genre de relation simple et sincère avec Lui.

La sincérité est le fondement même de la relation de l'âme avec Dieu. La sincérité signifie être capable de s'approcher de Dieu et de Lui parler de manière ouverte et intime, dans toute la simplicité du langage de notre cœur : « Aide-moi, Seigneur ! »

Il ne faut pas se draper dans une fausse piété lorsque l'on prie. Cela ne produit guère d'effet sur Dieu. Il s'intéresse à ce qui jaillit spontanément de nos cœurs.

Pour moi, le moyen le plus facile de recevoir une réponse de Dieu est de L'invoquer intérieurement de tout mon cœur : « Mon Amour, mon Amour. » Vous devez le répéter sans cesse, même si, au début, vous ne le ressentez pas. Le jour viendra où ces paroles exprimeront fidèlement vos sentiments. « Mon Dieu, mon Dieu ; mon Seigneur, mon Seigneur. Tu es tout, tout. » Il n'est pas nécessaire de faire plus de mots.

Pratiquez les techniques de méditation jusqu'à ce que vous deveniez calmes et centrés en vous-mêmes. Ensuite, choisissez une pensée et répétez-la continuellement, inlassablement, encore et encore jusqu'à faire abstraction totale de toute autre pensée : « Je T'aime Seigneur. C'est Toi que je veux. Je ne veux que Toi, que Toi, que Toi, mon Dieu. » Ô comme il est doux de s'adresser ainsi à Dieu en laissant parler son cœur ! Vous découvrirez ce qu'est le véritable amour. Vous découvrirez ce qu'est la véritable joie.

Le fidèle parvient à cet état de grâce durant la méditation et le maintient à l'issue de celle-ci, cristallisant ses pensées sous leur forme la plus simple… Tout se réduit à une expression sincère émanant à la fois du cœur, de l'âme et de l'esprit : « Je n'ai rien à demander, Seigneur. Je n'ai rien à réclamer. Je n'ai rien à dire, excepté "Je T'aime". Je ne veux rien de plus que jouir de cet amour, le chérir, l'enfermer dans l'écrin de mon âme et m'en abreuver à jamais. Il n'existe rien au monde – ni le pouvoir mental, ni l'appétit des sens – qui puisse détourner ma pensée de ma déclaration d'amour pour Toi. »

L'habitude de parler intérieurement à Dieu et de L'aimer devrait être cultivée non seulement par ceux qui vivent dans les monastères, mais aussi par ceux qui vivent dans le monde. C'est tout à fait possible. Cela demande juste un petit effort. Toutes les habitudes acquises jusqu'à maintenant sont des actions que vous avez accomplies régulièrement, soit physiquement, soit mentalement, jusqu'à ce qu'elles soient devenues une seconde nature pour vous. Mais vous avez dû commencer à un certain moment pour créer ces habitudes. Le temps est maintenant venu de mettre en route le type d'actions et de pensées qui développeront l'habitude de converser en silence avec Dieu.

Dites simplement à Dieu dans vos mots à vous – calmement, sans être entendus de quiconque – que vous L'aimez. Dites-le Lui alors que vous pratiquez silencieusement votre méditation. Dites-le Lui alors que vous circulez dans la foule, ou que vous êtes assis à votre bureau : « Je T'aime, Seigneur. Je T'aime, mon Seigneur. » Que ce soit votre dernière pensée avant de vous endormir le soir. Essayez dès ce soir. C'est tellement beau, c'est le plus grand bonheur qui soit. Au moment de vous endormir, alors que votre âme commence à s'immerger dans un doux repos, laissez votre esprit entonner doucement, suavement, paisiblement : « Mon Seigneur, mon Seigneur, mon Amour, mon Amour, mon Dieu. »

Quand vous vous sentez tristes et quand vous vous sentez heureux; quand votre corps n'est pas bien et quand il resplendit de vigueur; quand les choses vont mal et quand elles vont bien, durant tous ces hauts et ces bas, entretenez un flot constant et silencieux découlant d'une seule pensée : « Mon Dieu, je T'aime. » Et dites-le de tout votre cœur.

Comme la vie devient bien plus douce et bien plus belle lorsqu'à tout moment je me sers de mes sens pour me reconnecter avec Dieu. Je peux orienter mon regard vers les âmes et dire : « Mes amis, je les aime. » Je peux contempler les oiseaux et les arbres et dire : « Je les aime ». Mais je sais surtout ceci : « C'est Toi que j'aime, mon Seigneur. C'est Toi qui m'as donné des yeux pour pouvoir contempler la beauté en toute chose et dans tous les êtres que Tu as créés. »

Quand je vois des gens dont l'esprit est tellement perturbé par une foule de problèmes, que ce soient des frustrations, des malheurs ou des déceptions, mon cœur souffre pour eux. Pourquoi les êtres humains sont-ils tourmentés par de telles expériences ? Pour une seule raison : ils ont oublié Dieu, ils ont oublié l'Être divin qui nous a tous créés. Si vous parvenez à vous rendre compte que la seule chose qui vous manque dans la vie c'est Dieu, et à vous décider de supprimer cette carence en travaillant à prendre conscience de Dieu par la méditation quotidienne, le jour viendra où vous vous sentirez si complets, si pleinement satisfaits, que rien ne pourra plus ni vous ébranler ni vous perturber.

Même durant les périodes où votre cœur vous semble sec, efforcez-vous de ressentir de l'amour pour Dieu. Cette attitude doit devenir une façon de vivre, pas seulement pour quelques minutes ou quelques heures par jour, et pas seulement pour quelques années, mais pour chaque instant jusqu'à la fin de vos jours. C'est ainsi qu'au bout de la route vous découvrirez que le Bien-Aimé divin est là qui vous attend.

Chaque jour de votre vie peut être un jour de joie, d'allégresse, de courage, de force et d'amour, si vous communiez sans arrêt avec Dieu dans le langage de votre cœur.

La plupart des gens abandonnent parce qu'ils ont l'impression que Dieu ne répond pas. Pourtant, Il fait connaître Sa présence au moment de Son choix et à Sa manière. Ce qui fait souvent obstacle, c'est que nous oublions d'être à l'écoute ! Écouter fait partie de notre conversation avec Dieu. Comme le rappelle la Bible : « Immobilisez-vous, et sachez que Je suis Dieu. »

Tant ici qu'à l'étranger, les gens m'abordent pour me demander : « Comment parvenez-vous à rester assise, immobile dans la méditation, durant de si longues heures ? Que faites-vous pendant ces périodes de quiétude ? » Les yogis de l'Inde ancienne ont développé la science de la religion. Ils ont découvert que grâce à certaines techniques scientifiques il était possible de calmer l'esprit à tel point qu'il ne reste plus le moindre remous de pensée pour le troubler ou le distraire. Alors, dans le lac clair et paisible de la conscience, nous pouvons contempler l'image de Dieu qui se reflète à l'intérieur de nous.

Dieu est toujours présent. Il ne surgit pas tout à coup d'un point isolé de l'espace pour se rapprocher de nous. Il est toujours avec nous, mais nous ignorons cette réalité parce que notre esprit n'est pas avec Lui. Nous permettons à nos humeurs, nos tempêtes émotionnelles, nos susceptibilités, nos colères et aux malentendus qui en résultent d'agiter et d'obscurcir notre perception de telle sorte que nous demeurons inconscients de Sa présence.

Les Saintes Écritures du monde entier affirment que nous sommes faits à l'image de Dieu. Si cela est vrai, pourquoi ne sommes-nous pas conscients d'être immaculés et immortels, comme Lui ? Pourquoi ne nous voyons-nous pas nous-mêmes comme des incarnations de Son esprit ?...

Une fois de plus, que disent les Écritures ? « Immobilisez-vous, et sachez que Je suis Dieu. » « Priez sans cesse. »...

Si vous pratiquez régulièrement la méditation yogique, avec une attention soutenue, il viendra un moment où vous vous direz soudain : « Oh ! Je ne suis pas ce corps, bien que je m'en serve pour communiquer avec ce monde. Je ne suis pas ce mental, avec ses émotions faites de colère, de jalousie, de haine, d'envie, d'agitation. Je suis en réalité ce merveilleux état de conscience que je perçois en mon for intérieur ! Je suis fait à l'image divine de la félicité et de l'amour de Dieu ! »

Les fidèles qui vivent dans la conscience de Dieu réalisent qu'ils sont continuellement centrés sur Lui, que leur pensée tourne constamment autour d'un des aspects de Dieu : mon Dieu, mon Père, ma Mère, mon Enfant, mon Ami, mon Bien-Aimé, mon Amour, mon Tout.

Développez une relation plus intime avec Lui en vous considérant comme Son enfant, Son ami ou Son fidèle. Nous devrions apprécier la vie en ayant conscience que nous partageons nos expériences avec ce Quelqu'un qui est suprêmement bon, compréhensif et aimant.

La plupart des gens n'ont aucune idée de la nature de Dieu. Pour beaucoup, Dieu ne représente qu'un nom. Certains croient qu'Il possède une forme ; d'autres au contraire pensent qu'Il n'en a pas. Il est absurde de se demander si Dieu a une forme ou non, car les deux sont vrais. La nature de Dieu est illimitée. Il est « toutes choses pour tous les hommes. » Chaque fidèle a le droit de chérir son propre concept de Dieu, celui qui lui parle le plus.

Le plus important est que le concept dont vous revêtez l'Être infini soit une idée qui éveille en vous la ferveur.

Si le concept d'un Dieu personnel est inconcevable pour vous, alors rejetez toute forme. Si cela vous paraît plus plausible, concentrez-vous sur le Bonheur infini, l'Intelligence infinie, la Conscience omniprésente.

Quelqu'un est venu me voir pour me dire: «Il m'est impossible de m'imaginer Dieu comme un Père. Je ne peux pratiquer une religion qui met l'accent sur l'importance d'aimer et de prier Dieu comme un Père.»

Je lui ai répondu: «Pourquoi cela vous fâcherait-il? Dieu est toutes choses. Quelle est votre idée de Dieu?»

Il m'a répondu: «Je m'imagine Dieu comme étant une Mère.»

Alors, je lui ai dit: «Cherchez donc Dieu comme une Mère. Concevez l'Infini sous cet aspect. Un jour viendra où vous prendrez pleinement conscience que Dieu est au-delà de toute forme, mais qu'Il se manifeste aussi sous une myriade de formes.»

Pour moi, Dieu n'a pas de forme. Il est l'Amour infini. Parfois, je conçois cet Amour comme mon Bien-Aimé, parfois comme ma Divine Mère, et en d'autres occasions comme l'Amour tout simplement. Ce n'est pas difficile de comprendre le concept d'un être sans forme si l'on réfléchit que nous aussi, nous sommes sans forme. De même que l'électricité est enfermée dans une ampoule, mais que l'électricité n'est pas l'ampoule, de même vous, des âmes, êtes enclavés dans un « corps-ampoule », mais vous n'êtes pas ce corps. Quand vous vous rendrez compte que Dieu est présent en toutes choses, vous vous sentirez divinement enivrés simplement en pensant à Dieu sous un de Ses innombrables aspects.

Ne concevez pas Dieu comme un simple mot, ni comme un étranger, ni comme quelqu'un siégeant dans les hauteurs, n'attendant que le moment de vous juger et de vous punir. Pensez à Lui de la même manière que vous souhaiteriez qu'on pense à vous si vous étiez Dieu.

Il n'existe absolument rien que nous pourrions faire qui inciterait Dieu à nous abandonner. Il ne se détournera jamais de nous.

Nous n'avons pas besoin d'être parfaits pour que Dieu nous aime. Il nous aime maintenant, malgré tous nos défauts et toutes nos faiblesses.

Une de nos plus grandes faiblesses est que nous avons peur de Dieu. Nous avons peur de reconnaître devant Lui tout ce qui trouble profondément nos cœurs, nos âmes et nos consciences. Mais c'est une erreur. Notre Dieu bien-aimé est le premier vers qui courir dès que l'on a un problème. (…) Pourquoi ? Parce que, bien avant que vous n'ayez pris conscience de vos faiblesses, Dieu les connaissait déjà. Vous ne Lui apprenez rien de nouveau. En revanche, votre âme éprouvera une merveilleuse libération si vous pouvez remettre tous vos fardeaux à Dieu.

« Mon Seigneur, j'ose Te poser toutes mes questions. Je ne me sens jamais ni timide, ni mal à l'aise, ni sacrilège, parce que Tu es mon Bien-Aimé. Tu connais la simplicité de mon âme. Tu comprends ma soif de compréhension et de sagesse. Tu me vois avec mes qualités et avec tous les défauts dont je n'ai pas encore réussi à me défaire. Tu ne me punis pas pour les faiblesses qui brouillent la pureté de mon âme. Tu m'aides. Seigneur, je n'essaie pas de Te cacher mes imperfections. Je viens vers Toi avec humilité et ferveur, en toute simplicité, en toute confiance, comme un enfant, Te demandant de me venir en aide. Et je continuerai à T'implorer jusqu'à ce que Tu me répondes. Je n'abandonnerai jamais. »

Le Seigneur ne nous condamne pas lorsque nous trébuchons. Nous ne devrions donc pas nous blâmer nous-mêmes indûment. Aimez plutôt Dieu encore davantage. Soyez tellement épris d'amour pour Lui que vos défauts ne vous intimideront plus et ne vous empêcheront pas d'accourir vers Lui.

Dieu répond, pas forcément selon notre mérite, mais selon la force de notre désir de communier avec Lui.

À peine envoyez-vous à Dieu une pensée d'amour et de désir sincère que déjà Il vous répond : « Mon enfant, un seul appel silencieux surgi des profondeurs de ton âme et Je suis là à l'instant même. »

Dans ma relation avec Dieu, j'aime à penser à l'Être divin sous son aspect de Mère. L'amour d'un père est souvent dicté par la raison et lié aux mérites de l'enfant. Mais l'amour d'une mère est inconditionnel; lorsqu'il s'agit de son enfant, elle est tout amour, compassion et pardon. (...) Nous pouvons faire appel à Son aspect maternel, car nous sommes Ses enfants, et revendiquer Son amour comme nous appartenant, indépendamment de nos mérites.

La relation avec Dieu sous l'aspect de la Mère est tellement tendre ! Une mère aime, pardonne et elle est loyale envers son enfant, peu importe ses erreurs. C'est ainsi que Dieu chérit chaque âme. La Mère divine est attentivement préoccupée par notre bien-être et se réjouit de notre bonheur. Qui, sinon la mère, est plus désireux d'être avec l'enfant, de lui apporter joie et consolation ? Rappelez-vous cette pensée lorsque vous invoquerez Dieu dans les profondeurs silencieuses de la méditation.

La capacité d'aimer de façon pure et inconditionnelle naît de la méditation, du fait de nourrir l'amour pour Dieu et de converser en silence avec Lui dans le langage de votre cœur. Je ne pense pas qu'il y ait un seul moment dans ma vie où je ne Lui parle pas. Je ne me préoccupe pas trop de savoir s'Il me parle ou non. Cela peut vous sembler bizarre de ma part. Je sais seulement quel bonheur j'éprouve en conversant intérieurement avec Dieu pour sentir ensuite un grand frisson d'amour divin, de bonheur ou de sagesse inonder soudain ma conscience. À ce moment-là, il se produit un déclic : « Ah, Mère divine, c'est Toi qui m'offre ce que je cherche dans cette vie ! »

Quand il vous arrive quelque chose de bien dans votre vie, partagez-le en premier avec Dieu. Dans l'adversité, remettez tout à Dieu en implorant Son aide. S'il y a quelque chose que vous ne comprenez pas, faites-en part à Dieu ; discutez-en avec Lui et priez pour qu'Il vous guide et vous accorde un jugement sûr. En d'autres termes, ramenez tout ce qui vous arrive dans votre vie à Dieu.

Dans tout cœur humain il y a un vide que seul Dieu peut combler. Que votre priorité soit donc de trouver Dieu.

Pensez à Dieu à chaque instant. Il vous aime tellement !

Apprenez à aimer Dieu profondément. Si vous ne savez comment vous y prendre, adressez-Lui sans cesse cette prière : « Mon Dieu, enseigne-moi à T'aimer. (…) Donne-moi l'amour. Je me présente devant Toi avec toutes mes frustrations, mes angoisses, mes peines et mes déceptions, désirant ardemment comprendre. (…) Enseigne-moi ce qu'est l'amour véritable ! » Vient alors un temps où votre esprit est empli d'une telle quiétude dans la bienheureuse présence intérieure de Dieu que le seul fait de prononcer intérieurement Son nom vous immerge dans cet amour infini.

Nous devons être sincères avec Dieu. À quoi sert-il de dire « Seigneur, je T'aime » si notre esprit s'intéresse toujours à autre chose ? En revanche, prononcez le nom de Dieu une seule fois avec un amour authentique ou chantez-le inlassablement avec un désir de plus en plus ardent et une concentration de plus en plus profonde, et votre vie en sera transformée.

Si pendant que je parle à l'un d'entre vous, je regarde les autres personnes autour de moi ou l'horloge ou ce qui se passe à l'extérieur, vous penserez : « Que signifie cette attitude ? Ses paroles s'adressent à moi, mais son attention est ailleurs ! Elle ne s'intéresse pas à moi. » Voilà ce que nous faisons sentir à Dieu par notre manque d'attention.

Dieu est aussi proche que vos pensées Lui permettent de l'être.

Si nous avions la foi que Dieu se trouve à seulement une pensée de distance, et demeure toujours aimant et attentif à notre égard, nous nous tournerions plus souvent vers Lui pour nous délecter de Sa compagnie.

Oh! Comme nous en appelons au Seigneur quand un désastre s'abat sur notre vie! N'attendez pas que cela se produise. Un appel silencieux du cœur, dirigé vers le Très-Haut, suffira pour recevoir Sa tendre réponse.

Si, à compter d'aujourd'hui, chacun de vous prenait l'habitude de pratiquer cette communion, cette conversation silencieuse avec Dieu, dans une attente, une écoute pleine de foi, vous verriez à quel point Dieu répond à l'appel de votre cœur. Il ne peut en être autrement. Il répond même quand nous sommes au beau milieu de nos activités.

Essayez d'être plus attentifs à ce monde intérieur où vous pouvez cheminer avec Dieu, converser avec Dieu et l'entendre vous assurer en silence que vous êtes à Lui. On ne peut parvenir autrement à cette relation bienheureuse avec Dieu qu'en apprenant à résider davantage en soi, dans cette « citadelle intérieure » dont parlait sainte Thérèse.

Si votre désir de connaître Dieu est sincère et authentique, dès l'instant où vous vous recueillez en prononçant silencieusement le nom du Bien-Aimé divin, votre cœur se retrouve inondé de joie et d'amour. C'est ce que nous voulons tous. Il n'y a pas de mots qui puissent décrire cette joie, cet amour incommensurable. Je comprends qu'il ne soit pas difficile pour les saints d'observer le vœu de silence durant toute leur vie ; c'est parce qu'intérieurement, ils sont dans la félicité de la conversation ininterrompue que Dieu mène avec Ses vrais fidèles. Les saints préfèrent éviter de trop parler, de peur que l'impact retentissant de leurs paroles n'étouffe la douce voix de Dieu qui chuchote dans leur for intérieur.

Dieu a donné à chacun de nous un temple de quiétude intérieure où personne d'autre n'a accès. Là, nous pouvons être seuls avec Dieu. Nous n'avons guère besoin de parler de ce temple intérieur. Et il ne nous éloigne pas de nos êtres chers ; au contraire, il nous permet d'adoucir, de renforcer et de rendre plus durables toutes nos relations.

Quand nous allons directement à la Source d'où proviennent tous les amours – l'amour des parents pour leur enfant, l'amour de l'enfant pour ses parents, celui de l'époux envers son épouse, celui de l'épouse envers son époux, celui d'un ami envers un ami – nous nous abreuvons à une fontaine qui nous comble au-delà de toute imagination.

Communiez intensément avec ce Dieu d'amour infini, qui vous attend en permanence dans le temple de la méditation.

Rappelez-vous toujours ceci : Dieu s'adresse directement à ce que vous portez dans votre cœur.

Dans le sanctuaire de notre esprit, Dieu nous a accordé la liberté de pensée et un espace d'intimité. Personne ne peut violer cette liberté et cette intimité. Dans cet abri, Il a donné à chacun de nous l'opportunité illimitée de Lui manifester notre amour et de communier avec Lui. Nul n'a besoin d'être au courant de l'adoration silencieuse que nous Lui vouons en notre temple intérieur, – un échange délicieux et sacré, tout d'amour et de joie.

L'amour est l'unique tribut que nous puissions apporter à Dieu et qui soit digne de Lui.

Dieu se sent attiré par les cœurs compatissants. Il s'approche du fidèle au regard pur qui Le perçoit comme l'Être unique caché à l'intérieur de toute forme créée. Considérez chaque personne comme étant le Seigneur même, simplement déguisé pour voir comment vous réagirez.

Appliquez-vous à essayer de ressentir ce que Dieu ressent pour chacun de Ses enfants. Nous pouvons cultiver une telle affection et un tel intérêt pour les autres en gardant présente dans notre esprit cette prière silencieuse : « Seigneur, fais-moi sentir Ton amour pour cette âme. » (…)

Tous les êtres répondent à l'amour. Saint François était tellement immergé dans l'amour divin que même les créatures farouches et hostiles faites par Dieu perdaient en sa présence toute peur et toute agressivité. Celui qui est un canal d'amour divin développe un magnétisme spirituel et irradie une force qui a le pouvoir d'harmoniser toutes les discordances.

Les Écritures hindoues disent : « Il faut être prêt à pardonner n'importe quelle offense (…). C'est grâce au pardon que l'univers maintient sa cohésion. Le pardon est la puissance des puissants. Le pardon est sacrifice. Le pardon est la quiétude de l'esprit. Le pardon et la mansuétude sont les qualités de ceux qui sont maîtres d'eux-mêmes. Elles représentent la vertu éternelle. »

Essayez de vivre selon cet idéal, prodiguant la bonté et un amour qui soit un baume pour tous. Ainsi, vous sentirez l'amour de Dieu – qui embrasse l'univers entier – se déverser dans votre propre cœur.

Ne soyez pas tellement susceptibles, constamment agités par les émotions, les exigences du corps et les circonstances extérieures. Essayez de demeurer dans la quiétude intérieure de l'âme. C'est là que se trouve votre véritable demeure.

Pendant des années, j'ai gardé sur mon bureau cette citation riche en inspiration :

« L'humilité repose sur la quiétude immuable du cœur. C'est n'être aucunement troublé. C'est n'être jamais anxieux, ni contrarié, ni irrité, ni blessé, ni déçu.

« L'humilité, c'est n'avoir aucune attente, c'est ne m'étonner de rien qu'on puisse me faire, ne pas penser qu'on me veuille du tort. C'est rester imperturbable quand personne ne me louange et quand je suis blâmé ou méprisé.

« L'humilité, c'est posséder une demeure sacrée au fond de mon être où je peux me réfugier et fermer la porte pour m'agenouiller en secret devant mon Père, me sentir en paix comme dans un profond océan de calme quand l'agitation règne tout autour de moi et au-dessus de moi[1]. »

On peut prétendre à une telle sécurité et à une telle paix si l'on maintient son esprit ancré en Dieu.

---

[1] Chanoine T.T. Carter (1809-1901).

Quand nous sommes à la merci d'émotions négatives, de ressentiments et de désirs fébriles, savez-vous ce qui est réellement à l'œuvre ? À la racine de toutes ces souffrances, il y a la solitude et le vide intérieur qui proviennent de notre ignorance de Dieu. Notre âme se souvient de l'amour parfait ressenti jadis dans l'union parfaite avec notre Bien-Aimé divin. Dans la solitude désertique de ce monde, nous gémissons et nous nous languissons de retrouver cet amour.

La paix et l'harmonie que tous recherchent si désespérément ne peuvent s'obtenir par les choses matérielles ni par les expériences extérieures ; c'est tout simplement impossible. Il se peut que vous ressentiez une sérénité passagère en contemplant un beau coucher de soleil, en allant à la montagne ou au bord de la mer. Mais même le décor le plus enchanteur ne vous procurera aucune paix si votre être n'est pas en harmonie.

Le secret pour faire régner l'harmonie dans les circonstances extérieures de votre vie consiste à établir une harmonie intérieure avec votre âme et avec Dieu.

Dieu créa tous les êtres humains à Son image, une image divine qui se trouve en chacun de nous et qu'on appelle *atman* ou âme. (…) Quand vous agissez à l'encontre de cette nature, vous devenez mesquins, nerveux, irritables, insatisfaits, victimes du manque d'estime de soi et d'autres déséquilibres psychologiques. Mais lorsque vous avez rétabli le lien divin entre votre âme et Dieu, vous avez réellement appris l'art de vivre. Vous devenez conscients d'un grand fleuve tranquille de paix, d'amour et de béatitude qui coule continuellement à travers vous, vous comblant de bonheur pour toujours.

« *Seigneur, Tu es en moi et je suis en Toi.* » Laissez votre esprit se concentrer sur la signification de cette affirmation. (…) Répétez-là continuellement afin de sentir la vérité de votre affirmation. Sentez à quel point la vie exubérante de Dieu circule en vous avec force, paix, orientation et bonheur et ce, quels que soient vos besoins matériels, émotionnels ou spirituels. Sentez à quel point les murs de la peur, des limitations, de la faiblesse et de la solitude, qui vous emprisonnaient, s'évanouissent à mesure que votre être se dilate dans l'étreinte omniprésente de Dieu.

Nous devons réaliser que nous ne sommes pas seuls, que nous ne l'avons jamais été et que nous ne le serons jamais.

Dieu n'a pas de préférés. Il aime chacun d'entre nous comme Il aime Ses plus grands saints.

Les Écritures sacrées de l'Inde affirment que le seul fait de prononcer le nom de Dieu peut suffire à conférer le salut. Quand j'ai lu cette phrase pour la première fois, je n'ai pas compris comment cela pouvait être possible. Mais depuis, j'ai appris que c'est bel et bien possible si cette prière mentale est soutenue par une ardente aspiration, un besoin profond de votre âme : « Mon Seigneur, je n'aime que Toi, je Te veux, je ne désire que Toi. »

De nombreux chercheurs spirituels m'ont dit : « Mais *j'ai* prié. » Tel chrétien dira : « Je récite mes prières chaque jour depuis vingt-trois ans », tel Musulman : « Je suis fidèle à ma pratique du *namaj* depuis vingt-trois ans » et tel Hindou : « Je pratique le *japa* ou j'effectue mes *puja*. » Et pourtant, chacun d'eux se plaint : « J'ai l'impression de n'avoir fait aucun progrès. Mon esprit est si agité. Je suis tellement nerveux. Pourquoi en est-il ainsi ? » C'est parce que ces pratiques sont devenues mécaniques. Vous ne pouvez gagner l'amour de quelqu'un si vous n'y mettez pas votre cœur ou si vous lui dites des paroles d'amour de façon mécanique. L'amour doit jaillir du cœur. C'est cela qui manque si souvent dans les pratiques spirituelles.

Il existe de nombreux moyens pour trouver Dieu, mais le dénominateur commun essentiel est la ferveur. Quel est le socle de toutes les relations interpersonnelles, qu'est-ce qui pousse les êtres humains à se rapprocher, sinon l'amour ? Qu'est-ce qui nous attire vers un enfant, sinon l'amour ? Qu'est-ce qui nous attire vers qui que ce soit, sinon l'amour ? C'est une force colossale en ce monde. Quand vous regardez de tout votre cœur un enfant en lui disant : « Je t'aime, mon enfant », le petit vous croit. Mais si la mère dit : « Je t'aime » alors que son attention est ailleurs, l'enfant réplique : « Maman, *regarde-moi* ! Dis-le moi *dans les yeux* ! » Ne pensez-vous pas que Dieu puisse réagir de la même façon ?

Dans la Bhagavad Gita, le Seigneur dit : « Celui qui ne Me quitte pas des yeux, Je ne le quitte pas des yeux. Il ne Me perd jamais de vue et Je ne le perds jamais de vue. » Je prie pour qu'à partir de maintenant, vous ne quittiez pas des yeux ce Bien-Aimé. Il se souvient toujours de nous ; c'est nous qui L'oublions.

Tournons-nous vers ce Bien-Aimé avec ferveur, mais au-delà de la ferveur, soyons capables de dire : « Je T'aime Seigneur. Tu es mon amour. Je ne pourrais aimer personne – ni mon enfant, ni mes parents, ni mon mari ou ma femme, ni qui que ce soit – si Tu n'avais instillé en moi cette capacité d'aimer. C'est pourquoi, par-dessus tout, je T'aime. Je T'aime, mon Dieu. »

La plus grande joie que nous puissions connaître est celle de converser avec Dieu dans le langage silencieux de l'âme. Son amour est tel qu'il ne peut jamais nous décevoir. Ce que je vous dis repose sur une expérience de nombreuses années. C'est la raison pour laquelle je vous exhorte ainsi : Aimez Dieu, aimez Dieu, aimez Dieu !

Enivrez-vous de Lui qui est Amour.

Apprenez à développer une telle relation de tendresse avec Dieu que chaque fois que vous serez déçus, chaque fois que vous vous sentirez frustrés dans votre vie, vous vous rendiez compte que cela émane de Dieu pour vous rappeler de ne pas L'oublier.

Comme c'est merveilleux d'entretenir une relation d'une telle qualité avec la Mère divine, une relation dans laquelle vous sentez toujours Sa présence, même durant les périodes de soucis et d'épreuves. Quand vous avez développé cette proximité, vous pouvez Lui parler de tout et sentir Sa tendre réponse, Sa protection. Il ne s'agit pas de s'approcher d'Elle en étant juste à vos seuls yeux, ni en vous prenant pour une victime. Mais comme un enfant qui se réfugie dans les jupes de sa mère, vous pouvez vous agripper à un pan de son vêtement et lui dire : « Regarde donc, Divine Maman ! Que me fais-tu subir en ce moment ? »

Le but de l'adversité n'est pas de nous détruire, ni de nous punir, mais de nous aider à éveiller le caractère invincible de notre âme (…). Les épreuves douloureuses que nous traversons ne sont rien d'autre que l'ombre de la main de Dieu qui se tend vers nous pour nous bénir. Le Seigneur est tellement désireux de nous soustraire à l'influence de *maya*, de ce monde conflictuel où règne la dualité ! Quelles que soient les difficultés que Dieu permet que nous traversions, elles sont nécessaires pour accélérer notre retour vers Lui.

Parlez à Dieu comme un enfant le ferait. Si vous le faites tous les soirs, votre vie pourra s'ancrer en Lui. Vous deviendrez comme un arbre robuste qui ploie sous le vent, mais qui ne casse jamais. Un arbre délabré craque et se fend, tombant même à la moindre rafale de vent. Le fidèle de Dieu apprend à ployer sous les épreuves de la vie sans jamais se briser. Ses racines sont profondément ancrées dans le divin.

Le moyen le plus simple de triompher dans la bataille de la vie est de penser à Dieu et de garder cette pensée au premier plan de notre conscience.

Il existe plusieurs tactiques qui nous permettent d'être extrêmement actifs sans pour autant perdre notre paix intérieure ou notre équilibre. La première consiste à débuter chaque journée par une période de méditation. Les gens qui ne méditent pas ne pourront jamais se rendre compte de l'immense paix qui emplit la conscience dès lors que l'esprit parvient à s'intérioriser profondément. Cet état de paix ne peut s'atteindre par la réflexion ou l'imagination; il se situe au-delà de l'état de conscience ordinaire et des processus de la pensée. C'est la raison pour laquelle les techniques de méditation yogique enseignées par Paramahansa Yogananda sont si merveilleuses; le monde entier devrait apprendre à les utiliser. Quand vous les pratiquez correctement, vous sentez réellement que vous nagez dans un océan de paix intérieure.

Commencez la journée en ancrant votre esprit dans cette tranquillité intérieure.

Pendant que vous vaquez à vos occupations, détendez-vous de temps à autre et demandez-vous : « Où est ma conscience ? Mon regard intérieur est-il silencieusement tourné vers Dieu ou est-il égaré par toutes ces préoccupations extérieures ? » Si vous méditez et que vous essayez ensuite de garder votre esprit rivé sur Dieu au cours de vos activités, vous commencez automatiquement à manifester de l'équilibre dans votre vie. Vous devenez aussi un être plus calme, – agissant non en fonction de vos émotions, mais à partir d'un état de profonde quiétude intérieure.

Dans le feu de l'action, quand une demi-douzaine de problèmes réclament votre attention en même temps, c'est un réel défi que de pouvoir s'arrêter net dans ce que l'on est en train de faire et de penser : « Mon Dieu bien-aimé, es-Tu toujours avec moi ? » Si votre appel silencieux vous révèle la présence consolatrice du Seigneur, alors vous savez que vous progressez spirituellement.

Si vous mettez en pratique ce que je vous propose, le jour viendra où votre conscience sera capable de rester sans interruption dans un état méditatif, – en permanence avec Dieu. Avec le temps, le fidèle sera comme le frère Laurent : peu lui importait qu'il fût en train de balayer le plancher ou d'adorer Dieu devant l'autel, son esprit était constamment absorbé en Dieu [1]. C'est là l'état enviable auquel il faut aspirer. Mais cela demande des efforts. Cela ne vient pas par l'imagination. En fin de compte, vous constaterez que, même au milieu de vos occupations, chaque fois que vous intérioriserez votre esprit pour un moment, vous sentirez sourdre en vous une fontaine effervescente de ferveur, de joie, de sagesse. Vous vous

---

[1] Le frère Laurent (1614-1691) est l'auteur d'une œuvre pieuse classique, *The Practice of the Presence of God*.

exclamerez : « Ah ! Il est avec moi ! » Ce sont là les fruits de la méditation que vous pourrez goûter en tout temps, dans la quiétude de votre communion avec Dieu comme aussi en plein milieu de vos activités quotidiennes.

L'amour est l'unique Réalité; rien d'autre dans la vie ne présente un attrait ou un intérêt durable pour l'âme. Il y a bien des années, j'avais dit à Paramahansa Yogananda : « Il n'y a qu'une chose que je désire dans la vie, c'est l'amour, mais je veux le recevoir de Dieu. »

Sa réponse m'avait beaucoup émue : « S'il en est ainsi, voici ce que je te dis : transpose ce désir dans la méditation ; médite profondément, très profondément, au point que ton esprit sera empli d'un désir unique, celui de ressentir l'amour divin, l'amour pour Dieu. Et tu parviendras à connaître Celui qui est Amour. »

Cherchez un endroit isolé dans votre maison où vous pouvez vous retirer dans le calme et la solitude. Que vous ayez le cœur gros et lourd ou l'esprit allègre et en paix, immobilisez-vous dans la méditation et communiez avec Dieu dans le langage de votre âme. Si vous faites preuve de persévérance, vous recevrez assurément Sa réponse ; il ne peut en être autrement. Plus vous converserez avec Dieu (non par des prières maniérées ou mécaniques, mais en tissant des liens personnels avec Lui, du plus profond de votre cœur), plus vous pourrez percevoir en vous Sa réponse de mille façons inattendues. Nous *pouvons* connaître Dieu ; nous *pouvons* communier avec Lui et ressentir Son amour dans notre vie.

Aucun amour ne peut égaler celui de Dieu.

Priez le Seigneur dans le langage de votre âme : « Tu es au fond de mes pensées, au fond de mon cœur, au fond même de mon souffle et de l'amour que je reçois des êtres qui me sont chers. Tu es Tout –, Toi seul. » Dieu seul est avec nous au moment de notre naissance. C'est Lui qui guide nos vies, si nous voulons bien Le laisser faire. Et c'est encore Lui seul qui nous accompagne quand vient l'heure de quitter ce monde.

Invoquez Dieu du plus profond de votre âme. Parlez-Lui dans le langage de votre cœur. Épanchez-vous. Peu importe quelles fautes vous avez commises, n'ayez pas peur de vous tourner vers Lui. Le Seigneur sait parfaitement bien qui nous sommes ; il n'y a rien de caché pour Lui. Rappelez-vous qu'Il est l'Amour même. Il est si plein de compassion, si compréhensif. Dieu connaît le pouvoir de l'illusion dont Il a pétri ce monde. Pour nous aider à nous en échapper, Il nous exhorte sans cesse : « Regarde-Moi, Regarde-Moi. Donne-Moi ton amour. Accroche-toi à Moi ! »

Ne tenez jamais Dieu à distance. Jamais ! Nul n'est plus proche, nul n'est plus tendre, nul de nos intimes n'est plus intime.

Notre relation avec Dieu se révèle comme étant très simple et très douce pour peu que nous fassions l'effort de nous rappeler à quel point Il est proche de nous à chaque instant de notre vie. Si dans notre quête de Dieu nous recherchons des manifestations miraculeuses ou des résultats phénoménaux, il se peut fort que nous ne remarquerons pas les différents chemins qu'Il emprunte pour se rapprocher continuellement de nous.

« Soyez toujours joyeux ! » est le message des Écritures. « Priez sans relâche ! Soyez reconnaissants pour tout ! » Lorsqu'avec reconnaissance nous prenons conscience de l'amour et de la bonté de notre Père céleste, nous renforçons notre syntonie avec Lui. Le fait d'apprécier ouvre notre cœur, permettant à l'amour de Dieu d'abonder dans ses multiples expressions.

Au cours de la journée, si quelqu'un vous rend service, reconnaissez la main de Dieu qui vous accorde ce bienfait. Quelqu'un dit-il quelque chose d'aimable à votre propos, ayez l'oreille assez fine pour entendre la voix de Dieu derrière ces paroles. Lorsque quelque chose de bon et de beau embellit votre vie, sentez que cela provient de Dieu. Dans tout ce qui se produit dans votre vie, remontez jusqu'à Dieu.

Identifiez le bien qui se présente à vous à chaque instant, à chaque expérience, en vous tournant d'un cœur reconnaissant vers le Donneur.

Dieu répond à ceux qui possèdent la nature simple, aimante et confiante d'un enfant dans sa relation à sa mère, une attitude ouverte et réceptive.

Si l'anxiété, la tension et l'impatience obscurcissent votre conscience, vous serez incapables de sentir la présence de Dieu en vous. Savoir attendre dans le calme et la quiétude est une étape incontournable. Rabindranath Tagore sut l'exprimer en ces mots magnifiques :

N'avez-vous pas entendu Ses pas silencieux ?

Il vient, Il vient, Il vient toujours.

Le fidèle doit se maintenir dans cette quiétude intérieure, dans une attente pleine de ferveur et de vénération. C'est alors qu'il commence à percevoir cette Joie, cet Amour, cette Présence divine surgissant du tréfonds de son âme : « Il vient, Il vient, Il vient toujours… »

À mesure que vous persévérez, bien résolus à ne pas abandonner, vous sentez tout doucement croître en vous une suavité céleste qui surpasse tout ce dont vous avez pu rêver, – une communion avec le divin que rien ne peut altérer. (…) Quand vous réussissez à établir cette relation-là avec Dieu, la vie devient vraiment belle à vivre.

Si vous aimez Dieu, votre esprit est toujours centré sur Lui. Vous êtes établis sur la vérité éternelle au lieu d'être ballottés par les incertitudes permanentes de cette existence mortelle. Vous êtes submergés peu à peu dans les profondeurs immobiles de l'océan de Sa présence intérieure, bien à l'abri des tempêtes de surface qui pourraient vous perturber. Dans cet état, toute insécurité disparaît : vous ne craignez plus ni pertes, ni coups, pas même la mort.

Le but réel de la vie est celui-ci : trouvez Dieu, soyez épris d'amour pour Dieu !

SUR L'AUTEUR

Sri Daya Mata (1914-2010), dont le nom signifie « mère de compassion », inspira des personnes de toutes les croyances et de tous les horizons par sa sagesse et son grand amour pour Dieu, cultivés pendant plus de soixante-quinze ans grâce à sa pratique quotidienne de la prière et de la méditation. En tant que l'une des premières disciples de Paramahansa Yogananda, elle entra à l'âge de dix-sept ans dans l'ordre monastique qu'il avait établi. En 1955, elle fut l'une des premières femmes de l'histoire moderne à être nommée à la tête d'un mouvement religieux mondial. Jusqu'à son décès en 2010, elle assuma le rôle de présidente de la Self-Realization Fellowship [1], l'organisation spirituelle et humanitaire à but non lucratif que Paramahansa Yogananda fonda en 1920. Elle fit plusieurs tournées de conférences dans le monde. Deux anthologies de ses discours et exposés informels ont été publiés : *Rien que l'Amour : vivre une vie spirituelle dans un monde en évolution* et *Finding the Joy Within You: Personal Counsel for God-centered Living*.

---

[1] Littéralement : « Association de la réalisation du Soi. » Paramahansa Yogananda expliqua que le nom *Self-Realization Fellowship* signifiait « communion avec Dieu à travers la réalisation du Soi et amitié avec tous ceux qui cherchent la Vérité ».

À PROPOS DE PARAMAHANSA YOGANANDA

Paramahansa Yogananda (1893-1952) est considéré dans le monde comme l'une des plus éminentes figures spirituelles de notre temps. Né en Inde du Nord, il vint s'établir aux États-Unis en 1920 où, pendant plus de trente ans, il enseigna la science ancestrale de la méditation propre à l'Inde et l'art de vivre une vie spirituelle équilibrée. Grâce à la célèbre *Autobiographie d'un yogi* dans laquelle il relate l'histoire de sa vie et à ses nombreux autres ouvrages, Paramahansa Yogananda fit connaître à des millions de lecteurs la sagesse intemporelle de l'Orient. Son œuvre spirituelle et humanitaire se poursuit aujourd'hui par l'intermédiaire de la Self-Realization Fellowship, l'organisation internationale qu'il fonda en 1920 pour répandre son enseignement dans le monde entier.

PUBLICATIONS DE LA SELF-REALIZATION FELLOWSHIP DES ENSEIGNEMENTS DE PARAMAHANSA YOGANANDA

Disponibles en librairie ou directement auprès de l'éditeur:
Self-Realization Fellowship
3880 San Rafael Avenue • Los Angeles, CA 90065-3219 USA
Tél. +1(323) 225-2471 • Fax +1(323) 225-5088
www.yogananda-srf.org

TRADUITS EN FRANÇAIS

Autobiographie d'un yogi
Affirmations scientifiques de guérison
À la source de la lumière
Ainsi parlait Paramahansa Yogananda
Comment converser avec Dieu
Dans le sanctuaire de l'âme
La loi du succès
La paix intérieure
La quête éternelle de l'homme
Volume I des conférences et propos informels de Paramahansa Yogananda
La science de la religion
Méditations métaphysiques
Pourquoi Dieu permet le mal et comment le surmonter
Vers la quiétude du cœur
Vivre en vainqueur
Vivre sans peur
La science sacrée de Swami Sri Yukteswar
Rien que l'Amour de Sri Daya Mata
Relation entre guru et disciple de Sri Mrinalini Mata

LIVRES EN ANGLAIS DE PARAMAHANSA YOGANANDA

The Second Coming of Christ: *The Resurrection of the Christ Within You*
Un commentaire révélé des Évangiles sur l'authentique enseignement de Jésus.

God Talks with Arjuna: The Bhagavad Gita
Une nouvelle traduction de la Bhagavad Gita et un nouveau commentaire.

The Divine Romance
Volume II des conférences, propos informels et essais de Paramahansa Yogananda.

Journey to Self-realization
Volume III des conférences et propos informels de Paramahansa Yogananda.

Wine of the Mystic: *The Rubaiyat of Omar Khayyam. A Spiritual Interpretation*
Un commentaire inspiré qui nous fait découvrir la science mystique de communion avec Dieu, dissimulée derrière les images énigmatiques des *Rubaiyat*.

Whispers from Eternity
Un recueil de prières de Paramahansa Yogananda et de ses expériences divines dans des états élevés de méditation.

The Yoga of the Bhagavad Gita: *An Introduction to India's Universal Science of God-Realization.*

The Yoga of Jesus: *Understanding the Hidden Teachings of the Gospels*

Songs of the Soul
Poésie mystique de Paramahansa Yogananda.

Cosmic Chants
Paroles et musiques de 60 chants de dévotion, avec une introduction expliquant comment le chant spirituel peut conduire à la communion divine.

ENREGISTREMENTS AUDIO DE PARAMAHANSA YOGANANDA

Beholding the One in All
The Great Light of God
Songs of My Heart
To Make Heaven on Earth
Removing All Sorrow and Suffering
Follow the Path of Christ, Krishna, and the Masters
Awake in the Cosmic Dream
Be a Smile Millionaire
One Life Versus Reincarnation
In the Glory of the Spirit
Self-Realization: The Inner and the Outer Path

AUTRES PUBLICATIONS DE LA SELF-REALIZATION FELLOWSHIP

Le catalogue complet des livres et des enregistrements audio et vidéo de la Self-Realization Fellowship est disponible sur demande.

Finding the Joy Within You: Personal Counsel for God-Centered Living de Sri Daya Mata

God Alone: The Life and Letters of a Saint de Sri Gyanamata

"Mejda": The Family and the Early Life of Paramahansa Yogananda de Sananda Lal Ghosh

Self-Realization (revue trimestrielle fondée par Paramahansa Yogananda en 1925)

LES LEÇONS DE LA SELF-REALISATION FELLOWSHIP

Les techniques scientifiques de méditation enseignées par Paramahansa Yogananda, y compris le kriya yoga – tout comme ses instructions sur les différents aspects d'une vie spirituelle équilibrée – sont exposées dans les *Leçons de la Self-Realization Fellowship*. Pour de plus amples renseignements, veuillez nous écrire afin de recevoir la brochure gratuite d'introduction en français «Qu'est-ce que la Self-Realization Fellowship?» ou la brochure gratuite «Undreamed-of Possibilities» disponible en anglais, en espagnol et en allemand.

Self-Realization Fellowship
3880 San Rafael Avenue
Los Angeles, CA 90065-3219, U.S.A.
Tél +1(323) 225-2471 • Fax +1(323) 225-5088
www.yogananda-srf.org

www.ingramcontent.com/pod-product-compliance
Lightning Source LLC
Chambersburg PA
CBHW020007050426
42450CB00005B/359